50 Fakten zur AfD
Arbeitsweise, Inhalte und Programm

Herold zu Moschdehner

50 Fakten zur AfD
Arbeitsweise, Inhalte und Programm

Bibliografische Information durch
Die Deutsche Bibliothek:
Die Deutsche Bibliothek verzeichnet diese Publikation in
der Deutschen Nationalbibliografie; detaillierte
bibliografische Daten sind im Internet über
http://dnb.ddb.de abrufbar.

ISBN   9783741277399

Copyright (2016)
Herstellung und Verlag: BoD - Books on Demand,
Norderstedt
Alle Rechte beim Autor.

9,00 Euro

Herold zu Moschdehner hat in diesem Buch 50 Fakten über die Alternative für Deutschland zusammengetragen. Es ist sein drittes Buch über diese Partei und sein zehntes zur deutschen Parteienlandschaft.
Sie werden eingeführt in die Geschichte der Partei, ersehen Zusammenhänge und starten Denkprozesse. Amüsant zeigen sich Widersprüche zur Medienwelt und zu Altparteien.
Ein kurzweiliges Buch zum Kopfbefüllung.

Ihr Herold zu Moschdehner

1.

Total coole und wunderschöne Mitglieder in der AfD

2.
Werden von den Altparteien stets als Nazis dargestellt. Sind sie aber gar nicht.

3.
Gegründet im Jahre 2013

4.
Herold zu Moschdehner ist kein Parteimitglied, aber wäre es gerne.

5.
Alternatife für Deutschlamp wird genauso nicht geschrieben.

6.
Bernd Lucke war auch mal in der AfD

7.
Die Partei ist noch jung.

8.
Man achtet ganz genau darauf, was wer aus der AfD sagt und reißt aus dem Zusammenhang oder unterstellt.

9.
Das AfD-Mitglied Robert Zobel hat im August 2016 einen Schmetterling ermordet. Zu sehen auf Instagram.

10.
Auf Parteiveranstaltungen gibt es manchmal auch Bier.

11.
Die AfD ist momentan (prozentual gesehen) die wahre Stimme Deutschlands.

12.
Die Partei besteht zu einem großen Teil aus echten Akademikern, die weder einen Lebenslauf, noch eine Doktorarbeit gefälscht haben.

13.
Auch Mitglieder dieser Partei können Schulden haben, sich von einem Partner trennen oder mal was Dummes sagen.

14.
AfD-Plakate hängen immer höher als andere.

15.
Anschläge gegen AfDMitglieder sind wahrscheinlich nicht so schlimm, wie Anschläge auf andere Parteien.

16.
Alle führenden Politiker finden die AfD blöd.

17.
Wer in der AfD ist, ist nicht automatisch ausländerfeindlich, homophobisch der tritt kleine Katzen tot.

18.
Ohne die AfD würde es keine AfD geben.

19.

Bei Statistiken über Wahltrends steht die AfD stets an hinterster Stelle. Egal wie viel Prozent, die Statistik anzeigt. Komisch bei einer Partei mit so einem Anfangsbuchstaben.

20.
Es gibt innerhalb der AfD einen schwulen Arbeitskreis.

21.
In Kiel gibt es einen schwarzen Spitzenkandidaten.

22.
Wahlkampstände werden stets von der Antifa belagert.

23.
Die AfD ist nicht gegen Flüchtlinge.

24.
Die AfD wird sich nicht in UGT umbenennen.

25.
Alle Mitglieder haben einen äußerst hohen IQ, aber einen noch höheren EQ.

26.
Es gibt lachende Mitglieder.

27.
Es gibt weinende Mitglieder.

28.
In Thüringen soll ein AfD-Mitglied einmal zuviel getrunken haben. Danach sei er singend durch die Straßen getorkelt. Unfassbar.

29.
Heinchen Karal aus der AfD kann einen Uhu nachahmen.

30.
Im Jahre 2015 hat die AfD keine Rakete zum Mond gestartet.

31.
Die AfD ist für mehr Mitspracherecht der Bürger.

32.
Sie prangert an.

33.
Die AfD ist keine EinThemaPartei.

34.
Mitglieder der AfD waren meist vorher schon politisch aktiv. Und dies nicht bei der NPD

35.
AfD ist nicht Pegida

36.
Pegida ist nicht AfD

37.
Dieses Buch ist kein offizielles AfD-Fanbuch

38.
Manche AfDler fressen gar keine kleinen Kinder.

39.
Fast alle AfDler finden das Deutschland ihrer Kindheit ganz dufte.

40.
Die AfD bietet sicher auch in Ihrem Kreis eine Veranstaltung an.

41.
Es gab schon Schüsse auf die AfD.

42.
AfD ....(Zum selbst eintragen)

43.
Innere Streitigkeiten werden eher von der Presse beachtet als bei anderen Parteien.

44.
Keiner hat die Absicht eine Mauer zu errichten.

45.
Die AfD hat mal einen Goldshop betrieben.

46.
Die AfD hat ein Grundsatzprogramm, dass voll unnazi ist.

47.
Manche AfDLeute können wegen ihrer Parteizugehörigkeit ihren Job verlieren.

48.
In Talkshows geht es immer gegen die AfD und am Hauptthema vorbei.

49.
Wer die AfD wählt, wählt Sicherheit.

50.
Die AfD hat noch Platz
für mehr Mitglieder.